Laments

Seamus Heaney was born in County Derry. He is the author of many books of poems, most recently *Seeing Things* (1991). He was Professor of Poetry at Oxford from 1989 to 1994, and the lectures he gave there have been collected in *The Redress of Poetry* (1995). He now lives in Dublin, and spends part of the year in the United States, where he teaches at Harvard.

Stanisław Barańczak was born in Poznań, Poland, and since 1981 he has taught Polish literature at Harvard. An eminent poet himself, he has been an industrious translator of English poetry into Polish and *vice versa*. An extensive anthology of the English seventeenth-century Metaphysical poets, edited by him, has appeared in Poland, as well as separate editions of Shakespeare, Donne, Herbert and others.

also by Seamus Heaney

poetry
DEATH OF A NATURALIST
DOOR INTO THE DARK
WINTERING OUT
FIELD WORK
STATION ISLAND
SWEENEY ASTRAY
THE HAW LANTERN
NEW SELECTED POEMS 1966–1987
SEEING THINGS
SWEENEY'S FLIGHT
(*with photographs by Rachel Giese*)
THE RATTLE BAG
(*edited with Ted Hughes*)

prose
PREOCCUPATIONS:
Selected Prose 1968–78
THE GOVERNMENT OF THE TONGUE
THE REDRESS OF POETRY

plays
THE CURE AT TROY

Laments   JAN KOCHANOWSKI
1530–1584

translated by Seamus Heaney and Stanisław Barańczak

faber and faber

LONDON · BOSTON

First published in Great Britain in 1995
by Faber and Faber Limited
3 Queen Square London WC1N 3AU

Photoset by Wilmaset Ltd, Wirral
Printed in England by Clays Ltd, St Ives plc

Seamus Heaney and Stanisław Barańczak are hereby identified
as translators of this work in accordance with Section 77 of
the Copyright, Designs and Patents Act 1988

A CIP record for this book
is available from the British Library

ISBN 0–571–17594–5 (cased)
    0–571–17597–X (pbk)

10 9 8 7 6 5 4 3 2 1

Contents

Introduction

Jan Kochanowski (1530–84), the greatest poet of not just Poland but the entire Slavic world up to the beginning of the nineteenth century, was at the same time both the worst- and the best-equipped person to deal with personal tragedy. The entire experience of the first five decades of his life had been apparently consistent with the kind of outlook that he, the Renaissance poet *par excellence*, derived from the spirit of the epoch and from his thoroughly Humanistic education. His cast of mind was formed by a philosophy of the golden mean and moderation, and this in turn produced a quiet acceptance of whatever life might bring, a tendency to handle the vicissitudes of earthly existence in a rational and orderly way, one always seasoned with a dose of healthy scepticism as regards both gain and loss, success and failure, happiness and misery.

The stable – or stable-seeming – foundation of such an outlook was provided by both ancient thought and Christian theology. For a sixteenth-century Humanist – in this case, moreover, a poet whose earlier work included not only a Classical tragedy with a plot borrowed from Homer but also a poetic translation of the Psalms – elements of stoicism or epicureanism could merge conflictlessly with the belief in Providential protection bestowed on the just as a reward for their virtuous lives. (Calvinism was to score a huge, if short-lived, success in Poland, but only several decades later.)

Yet it is precisely this kind of stable and secure philosophical foundation that may well be the first thing to crack 'when the Parcae cease to spin / Their thread, when sorrows enter in, / When Death knocks at the door'. And this is what happened to Kochanowski in middle age when Death snatched away his youngest child, a two-and-a-half-year-old daughter called

Ursula, devastating the poet's hitherto unshakeable equanimity. In such a case, the hiatus between the palpability of pain and abstractness of argument expands into an untraversable gap. All of a sudden, pain reaches a degree of intensity that cannot be explained away. No rationalization makes sense to us any more when its very philosophical basis is pulled out like a rug from under our feet – when we can no longer subscribe to the belief that each of us is to a large extent a master of his or her own fate, and that we therefore have the right at least to hope that our actions, if purposeful, timely and determined enough, may bring the desired results:

> 'You weep in vain,' my friends will say. But then,
> What is not vain, by God, in lives of men?

If nothing else, the irretrievability of the loss alone suffices to make the attitude of rationalistic patience and stoical resignation just one of the numerous 'error[s] of our minds', a sorry product of humanity's 'insane conceit'. Our steady climb towards the heights of quasi-divine Wisdom has, as a rule, an abrupt and humiliating end:

> Wisdom for me was castles in the air;
> I'm hurled, like all the rest, from the topmost stair.

It was this dramatic recognition of himself as being affected by the 'error of our minds', and therefore ill-equipped, mentally and philosophically, to succeed in any attempt at 'wrestling down [his] grief', that left Kochanowski in the throes of his inner intellectual and emotional conflict. Were it not for this inner conflict, his sequence of nineteen *Laments* (published in 1580) would never have been written. On the other hand, neither would it have been written, had the urgency and intensity of the conflict not found their match in the creative ability and technical accomplishment of a poet of genius. Viewed in this perspective, Kochanowski was the *best*-equipped of the Polish poets of his age (and of the next two centuries) to find a convincing verbal expression for issues of such intellectual depth and emotional temperature.

The unique place that Kochanowski occupies in the history of Polish literature can be accounted for in a single sentence: he invented Polish poetry and, through his individual effort, brought it almost instantly to perfection. 'Inventing Polish poetry' is only a slight exaggeration. To be sure, poetry written in the Polish vernacular (as opposed to the enormous body of verse in Latin, of the older medieval and newer Humanist kinds) had emerged long before Kochanowski's birth. The earliest recorded poem in Polish, an amazingly accomplished poetic prayer to the Virgin Mary which dates back to the thirteenth century, is itself surely the result of decades of oral composition. At any rate, by the beginning of the sixteenth century, poetry in the vernacular was already a major force, successfully competing with the Latin productions of Polish and non-Polish Humanists, who were usually associated with either the royal court in the city of Kraków or the aristocratic courts in the provinces.

The work of the most important Polish language writer before Kochanowski, the prolific poet and writer of didactic prose Mikołaj Rej (1505–69), can serve as a backdrop against which the younger poet's achievement stands out even more clearly as truly incomparable. Rej, popularly credited as the 'father of Polish literature', is the author of work that is remarkably lively, but more often than not it is also bogged down in all the characteristic shortcomings of a young literature based on a not yet fully formed literary language. His style lacks conciseness and logical discipline; he does rather poorly in the area of abstract vocabulary (as opposed to the rich area of names denoting concrete objects and actions); and whenever he resorts to verse, this Renaissance poet uses it in a way which, ironically, makes him sound far more like a throwback to medieval practice than an augury of the revolution in Polish poetry which Kochanowski would stage not very much later. (In a word, Kochanowski's innovation in this respect comes down to his replacing of the so-called relative syllabism of medieval poetry with a strictly codified and rigorously implemented system of regular syllabic metres; its increased discipline actually allows him to gain more creative freedom in other areas of style, just as the bridle improves a horse's manoeuvrability without necessarily affecting its speed.) Ironically, one of the chief reasons for the qualitative leap between the Polish poetry of Rej and Kochanowski is that the former apparently did not know Latin, whereas the latter not only was fluent in it but was also an excellent Latin poet in his own right. His Latin work, in the main a product of student years spent partly in Italy, undoubtedly provided him with the opportunity for honing his poetic skills before he applied them to the raw material of his native language.

But neither the poet's education, nor any other component of his extra-literary experience, can fully explain the Kochanowski phenomenon, even if it does add a few strokes to the composite portrait of him that generations of Polish literary historians have painstakingly put together. Despite their efforts, however, we do not know much about Kochanowski's life – which may not even have been particularly eventful or unique to begin with, although as a writer he was clearly one of the central figures of the rich cultural life that flourished during the so-called Golden Age of the Polish Renaissance. Born into a noble family of average means, he owed his education mostly to wealthy patrons. In 1544 he entered the Kraków Academy, then went on to study abroad, initially in Koenigsberg and later, for more than four years, in Padua, the favourite city among young Polish noblemen seeking, as the Renaissance chic demanded, education in Italy. In 1559, having won a considerable acclaim in Padua as a Latin poet, he returned to Poland via Paris, where he met and paid homage to Ronsard, then the most acclaimed of all the poets of France.

Kochanowski's return to Kraków ushered in the second phase of his life, some fifteen years of service mostly at the court of King Sigismund II Augustus (who reigned from 1548 to 1572). It was his longtime protector Piotr Myszkowski, the newly installed Deputy Chancellor, who offered him a position in the royal chancellery. Kochanowski's duties as one of the King's secretaries left him enough time for writing verse (now mostly in Polish), and the works he produced at this stage of his career fall into two distinct groups: long narrative poems or political polemics on the one hand and brief lyrical poems on the other. This latter group was eventually to include his most brilliant and innovative work, even though initially he considered a large part of it not much more than a way of entertaining his 'good companions' and contributing to the merrymaking that seems to have been the favourite occupation of his courtier friends.

Not surprisingly, the characteristic genre of his years of court service is the *fraszka* (from Italian *frasca*, 'a trifle'), a brief, concise epigram, sometimes reduced to a single rhymed couplet or quatrain, whose contents could range from frivolous and even obscene humour to quite serious philosophical meditation. Beside the *fraszka*, the other lyrical genre that Kochanowski had dabbled in during his early years as a student, focused on during his court years and brought to perfection during the last phase of his life, was the *pieśń*. This Polish word means 'song', usually in the broadest possible sense, and covers anything from a folk ditty to a concert *Lied*; for Kochanowski, however, the term denoted primarily a lyrical poem, usually of stanzaic construction and not meant for singing, close in style to the classical model of the Horatian *carmen*.

But the lively atmosphere of the royal capital in those years of high Renaissance culture was apparently conducive to many other kinds of creative initiative and experiment. In fact, it would be hard to quote the title of a single Kochanowski work completed or begun around that time that would not qualify, at least in Poland, as an historic first. Within a decade and a half, he had laid foundations not just for the Polish prosody and verse system, and not just for the basic norms of lyrical expression, but also for narrative and dramatic poetry (the latter represented by his *Dismissal of the Greek Envoys*, the first Polish Classical tragedy in verse) and for the art of poetic translation (exemplified by his masterful rhymed paraphrase of David's Psalms).

There is one poem by Kochanowski, written at the middle point of his court career (probably around 1567) and titled simply 'The Muse', that highlights his pioneering role in yet another, perhaps the most profound, sense. Opening with the famous phrase 'I sing unto myself and the Muses', this 106-line-long meditation on the nature of the poet's relationship with his audience is a strikingly modern-sounding manifesto of the artist's individuality and independence. Despite, or perhaps precisely because of the fact that he himself depended all his life on his wealthy friends and protectors (whose help he gratefully acknowledges in this poem), Kochanowski put forward a vision of poetry as a job that is, as a matter of principle, never properly rewarded. The poet's pursuit of perfection puts him on a track which has nothing to do with the pursuit of material gain that obsesses the rest of society. This leaves the poet, as a natural consequence, 'without listeners', isolated and under-privileged; the only reward he can count on may be his posthumous fame. Yet the poet's underprivileged position earns him the privilege of independence; he may be paid pitifully little, but at least he does not have to serve any authority except his Muse.

We cannot err too much if we read this poem not only as a universally applicable manifesto of the new concept of creative independence, but also as an unconsciously prophetic justification of the course that the poet's own life and work was to take soon after. In the early 1570s, and especially after the King's death in 1572, Kochanowski's public activity declined sharply; he took to spending more and more time on his country estate in Czarnolas and around 1574 settled there permanently, thereby severing his ties with the court. He did not become a complete recluse – he continued to appear occasionally at political gatherings or cultural events – but throughout the last decade of his life he mostly enjoyed a late-found independence. Apparently happy with his new status as a gentleman farmer and family man (he married Dorota Podlodowska in 1575 and soon became the father of three daughters), he could now concentrate on writing and preparing his earlier works for publication. As a result, his most important books started coming out at the end of the 1570s. In 1578, *The Psalter of David* was published and *The Dismissal of the Greek Envoys* was staged for the first time; and the collected *Trifles* and *Songs* appeared, respectively, in 1584 (just before the poet's premature death of a heart attack) and 1586.

The appearance of these latter two books was preceded, however, by the publication of *Laments* in 1580, and the reason for this seems obvious: in the wake of the death of his youngest daughter, Kochanowski had apparently found it necessary to defer the printing of these retrospective collections and to publish his new poems first. These new poems were understandably something he must have cared about very much indeed – his crowning achievement as a poet and, at the same time, his most personal work, the only book of his written in direct response to real-life tragedy.

Ursula (Polish Urszula or, in the older pronunciation and spelling used by Kochanowski, Orszula) was thirty months old when she died. This is about all that we know of her for certain. The rest is supplied exclusively by the *Laments* themselves; and, needless to say, the eulogy has never been the most reliable source of objective information about the deceased. When, for instance, Kochanowski mentions the poetic talent manifest in the songs that his late daughter used to compose and goes as far as to call her 'Slavic Sappho', we have every reason to take it as a hyperbole – a standard device in every *laudatio*, which traditionally formed a part of the funeral poem.

This point was lost upon, or perhaps deliberately over-looked by, one present-day critic who, with his tongue almost perforating his cheek, has produced a fancifully decon-structionist hypothesis according to which Ursula never existed. Since whatever we know of her comes from the *Laments* themselves, the critic argued, and since it seems inconceivable that a child so talented could have passed away without provoking any other recorded comment, we may as well assume that her only existence was a literary one. She was a fictitious character created by Kochanowski as an excuse for trying out various approaches and styles as part of his purely technical experiment in funeral poetry.

Were we to accept this, Kochanowski would emerge as an even greater poet than he was: it would take an almost superhuman creative gift to fake a bereft parent's love, grief and despair in such an utterly convincing way. But there is, after all, nothing curious about the fact that the life and death of Kochanowski's small daughter went otherwise largely unnoticed by her contemporaries. What is curious is the fact that a respected poet deemed it possible to write a series of poems on the death of his small child. This was simply not done, and not done from the perspective of two codes of behaviour at once: that of social custom and that of literary convention. In the rural provinces of Poland at the end of the sixteenth century, the death of a small child was a sad but fairly regular occurrence. Even in Kochanowski's own family, Ursula was the first but not the only child to die: her older sister Hanna shared her fate soon afterwards.

So, by making his grief public, Kochanowski came into conflict with a certain socially accepted and indeed socially required model of behaviour. What was even more striking for his contemporaries, however, was that he also broke a well-established literary convention. The classical principle of *decorum* reserved the genre known as the funeral elegy, lament, threnody, *neniae*, etc., for momentous public occasions: deaths of heroes, military leaders, statesmen, great thinkers. Therefore, the poet's reaching for this genre (unequivocally identified in the sequence's title) in order to mourn a *child*'s death (and to make things worse, his own child, a very young daughter, unknown to anybody beyond the immediate family) was tantamount, at best, to a serious artistic error. Indeed, the initial reaction to the publication of *Laments* in 1580 was definitely cold and the most frequently reiterated charge was that the author had foolishly chosen to write not as he should have, about some *persona gravis*, but about a *persona* as shockingly and inexcusably *levis* as his own child. Which is to say that the very thing that has appealed most powerfully to the sensitivities of later generations of readers, including our own, was the thing that caused the most problems for his contemporary audience.

And yet, the condescension with which we look back at

those sixteenth-century efforts to make Kochanowski's work conform to the narrow demands of Classical convention may blind us to the bias of our own twentieth-century interpretation. Heavily influenced by all that happened in lyrical poetry from early Romanticism to the Confessional school, we might be tempted to read *Laments* as a strangely pre-Romantic 'memoir of the heart', a logbook of personal suffering as it proceeds through all its dramatically varying stages towards a final consolation; and, correspondingly, we might be inclined to interpret the self-portrait of the poet as that of an individualistic rebel who rejects rigid rules in favour of unrestricted spontaneity of expression. Yet such a reading would be equally erroneous. The dramatic power of *Laments* lies not in its rebellion alone; rather, it is born from the clash of the rebellion and the rule, the latter still a factor commanding enough to have to be reckoned with. And here, in fact, there is a parallel to be drawn between what happens in these poems on the literary and the theological planes. Just as in *Laments*, expressions of religious doubt that border on blasphemy can be pronounced because their speaker still thinks, argues, levels his accusations or asks his questions in the symbolic language of religion, so the breaking of the Classical rules gives the poetry positively new force and import because the rules are still recognized as an abiding presence. What we hear is far from an uncontrollable howl of pain; even the apparently most spontaneous expression of the speaker's emotion is subject to artistic organization and is conceived as part of the overall design. The world presented in *Laments* is out of joint, but the human being who faces that world still remembers its previous order and yearns for its return. Taken out of context, the final exhortation – 'Bear humanly the human lot' – may sound like an anticlimax, since it is the very least a human being could be expected to do when confronted with insoluble dilemmas of suffering and death; but read as the sentence which is the culmination of everything that has been said so far, the meaning of 'humanly' here stretches to its farthest extremes. As in George Herbert's 'The Temper', where God stretches the human 'crumme of dust from heav'n to hell', Kochanowski's 'humanly' encompasses the lows of our human desolation and doubt as well as the highs of our no less human fortitude and faith.

S.B.

Treny | Laments

Tren I

Wszytki płacze, wszytki łzy Heraklitowe
I lamenty, i skargi Symonidowe,
Wszytki troski na świecie, wszytki wzdychania
I żale, i frasunki, i rąk łamania,
Wszytki a wszytki za raz w dom się mój noście,
A mnie płakać mej wdzięcznej dziewki pomożcie,
Z którą mię niepobożna śmierć rozdzieliła
I wszytkich moich pociech nagle zbawiła.
Tak więc smok, upatrzywszy gniazdko kryjome,
Słowiczki liche zbiera, a swe łakome
Gardło pasie; tymczasem matka szczebiece
Uboga, a na zbójcę coraz się miece,
Prózno! bo i na samę okrutnik zmierza,
A ta nieboga ledwe umyka pierza.
'Prózno płakać' – podobno drudzy rzeczecie.
Cóż, prze Bóg żywy, nie jest prózno na świecie?
Wszytko prózno! Macamy, gdzie miękcej w rzeczy,
A ono wszędy ciśnie! Błąd – wiek człowieczy!
Nie wiem, co lżej: czy w smutku jawnie żałować,
Czyli się z przyrodzeniem gwałtem mocować?

Lament 1

All Heraclitus' tears, all threnodies
And plaintive dirges of Simonides,
All keens and slow airs in the world, all griefs,
Wrung hands, wet eyes, laments and epitaphs,
All, all assemble, come from every quarter,
Help me to mourn my small girl, my dear daughter,
Whom cruel Death tore up with such wild force
Out of my life, it left me no recourse.
So the snake, when he finds a hidden nest
Of fledgling nightingales, rears and strikes fast
Repeatedly, while the poor mother bird
Tries to distract him with a fierce, absurd
Fluttering – but in vain! The venomous tongue
Darts, and she must retreat on ruffled wing.
'You weep in vain,' my friends will say. But then,
What is not vain, by God, in lives of men?
All is in vain! We play at blind man's buff
Until hard edges break into our path.
Man's life is error. Where, then, is relief?
In shedding tears or wrestling down my grief?

3

Tren 2

Jeslim kiedy nad dziećmi piórko miał zabawić,
A k'woli temu wieku lekkie rymy stawić,
Bodajżebych był raczej kolebkę kołysał
I z drugimi nieważne mamkom pieśni pisał,
Którymi by dziecinki noworodne spiły
I swoich wychowańców lamenty tóliły!
Takie fraszki mnie zbierać pożyteczniej było
Niźli, w co mię nieszczęście moje dziś wprawiło,
Płakać nad głuchym grobem mej wdzięcznej dziewczyny
I skarżyć się na srogość ciężkiej Prozerpiny.
Alem użyć w obojgu jednakiej wolności
Nie mógł: owom ominął, jako w dordzałości
Dowcipu coś ranego; na to mię przygoda
Gwałtem wbiła i moja nienagrodna szkoda.
Ani mi teraz łacno dowiadać się o tym,
Jaka mię z płaczu mego czeka cześć na potym.
Nie chciałem żywym śpiewać, dziś umarłym muszę,
A cudzej śmierci płacząc, sam swe kości suszę.
Prózno to! Jakie szczęście ludzi naszladuje,
Tak w nas albo dobrą myśl, albo złą sprawuje.
O prawo krzywdy pełne! O znikomych cieni
Sroga, nieubłagana, nieużyta ksieni!
Tak li moja Orszula, jeszcze żyć na świecie
Nie umiawszy, musiała w ranym umrzeć lecie?
I nie napatrzawszy się jasności słonecznej
Poszła nieboga widzieć krajów nocy wiecznej!
A bodaj ani była świata oglądała!
Co bowiem więcej, jeno ród a śmierć poznała?
A miasto pociech, które winna z czasem była
Rodzicom swym, w ciężkim je smutku zostawiła.

Lament 2

If my vocation had been children's rhymes
And my true art the one that mimes and calms
The rhythm of the cradle, then my verse
Might have made dandling songs for the wet nurse
To sing to her new charge until at last
Its tears would stop and its small woes be past!
Such jingles would have been of much more use
Than what misfortune forces me to choose:
To weep on a small daughter's grave, to keen
Her loss to Pluto's dark hard-hearted queen.
Admittedly, my choice was never free:
The lullaby, to a grown man like me,
Seemed far too childish; now the epitaph
Looms like a cliff above some wild and rough
Shore, where I'm cast by fate and where I sing
Oblivious to my fame, to everything
Except my grief. And I, who never wrote
To court a living ear, have tuned my note
To appease the dead; in vain, alas! One rule
Applies to all, for man is Fortune's fool.
O cruel, unjust law! How can you be
So implacable, so hard, Persephone!
Why did you have to snatch away my small
Girl who had hardly learned to live at all,
Who never came to full bloom in the light
Before her eyes closed underneath your night?
I wish she had not seen the world – for what
True sense of it could she, a child, have got?
She saw her birth and death; and then she fled
And turned hearts full of love to hearts of lead.

Tren 3

Wzgardziłaś mną, dziedziczko moja ucieszona!
Zdałać się ojca twego barziej uszczuplona
Ojczyzna, niżlibyś ty przestać na niej miała.
To prawda, żeby była nigdy nie zrównała
Z ranym rozumem twoim, z pięknymi przymioty,
Z których się już znaczyły twoje przyszłe cnoty.
O słowa! o zabawo! o wdzięczne ukłony!
Jakożem ja dziś po was wielce zasmucony!
A ty, pociecho moja, już mi się nie wrócisz
Na wieki ani mojej tesknice okrócisz!
Nie lza, nie lza, jedno się za tobą gotować,
A stopeczkami twymi ciebie naszladować.
Tam cię ujźrzę, da Pan Bóg, a ty więc drogimi
Rzuć się ojcu do szyje ręczynkami swymi!

Lament 3

You've scorned me, then – dear apple of my eye,
My heiress! For how could I satisfy
You, my dear you, with such small inheritance?
How could it equal the deservingness
Of all your early reason, all your grace:
Your future virtues shone out of your face!
Your words, your curtsies, your young lady's pose –
How weighed down I am now without all those!
For you, my comfort, you will never more
Come back to warm my old heart to its core!
What can I do, then? what else do, except
Follow whatever way your light foot stepped?
There, Heaven grant it, at my journey's end,
Your slender arms will reach and gird me round.

Tren 4

Zgwałciłaś, niepobożna Śmierci, oczy moje,
Żem widział umierając miłe dziecię swoje!
Widziałem, kiedyś trzęsła owoc niedordzały,
A rodzicom nieszczęsnym serca się krajały.
Nigdyć by ona była bez wielkiej żałości
Mojej umrzeć nie mogła, nigdy bez ciężkości
I serdecznego bolu, w ktorymkolwiek lecie
Mnie by smutnego była odbiegła na świecie;
Alem ja już z jej śmierci nigdy żałościwszy,
Nigdy smutniejszy nie mógł być ani teskliwszy.
A ona, by był Bóg chciał, dłuższym wiekiem swoim
Siła pociech przymnożyć mogła oczom moim.
A przynamniej tymczasem mogłem był odprawić
Wiek swój i Persefonie ostatniej się stawić,
Nie uczuwszy na sercu tak wielkiej żałości,
Której rownia nie widzę w tej tu śmiertelności.
Nie dziwuję Niobie, że na martwe ciała
Swoich namilszych dziatek patrząc skamieniała.

Lament 4

Ungodly Death, my eyes have been defiled
By having had to watch my best loved child
Die! watch you like a robber stalk the house
And shake the green fruit from her parents' boughs.
Not that at any age, had she survived,
Could her sad father easily have outlived
The memory of having watched her die;
But even so, I cannot think that I
Could ever be, at any later date,
More stricken by despair, more desolate!
She, had God granted her a few more years,
She could have spared my eyes these scalding tears;
And I could have lived on far more at peace
So that the stern gaze of Persephone's
Obliterating eyes might have searched my heart
And found no hurt there equal to this hurt.
But no, all's changed; for when a father's eyes
See what Niobe saw, he petrifies.

Tren 5

Jako oliwka mała pod wysokim sadem
Idzie z ziemie ku górze macierzyńskim śladem,
Jeszcze ani gałązek, ani listków rodząc,
Sama tylko dopiro szczupłym prątkiem wschodząc:
Tę jesli, ostre ciernie lub rodne pokrzywy
Uprzątając, sadownik podciął ukwapliwy,
Mdleje zaraz, a zbywszy siły przyrodzonej,
Upada przed nogami matki ulubionej –
Takci się mej namilszej Orszuli dostało.
Przed oczyma rodziców swoich rostąc, mało
Od ziemie się co wznióswszy, duchem zaraźliwym
Srogiej Śmierci otchniona, rodzicom troskliwym
U nóg martwa upadła. O zła Persefono,
Mogłażeś tak wielu łzam dać upłynąć płono?

Lament 5

Just as an olive seedling, when it tries
To grow up like the big trees towards the skies
And sprouts out of the ground, a single stalk,
A slender, leafless, twigless, living stick;
And which, if lopped by the swift sickle's blade
As it weeds out thorns and nettles, starts to fade
And, sapped of natural strength, cut off, forlorn,
Drops by the tree from whose seed it was born –
So was my dearest Ursula's demise.
Growing before her parents' caring eyes,
She'd barely risen above ground when Death
Felled the dear child with his infectious breath
At our very feet. Hard-eyed Persephone,
Were all those tears of no avail to me?

Tren 6

Ucieszna moja śpiewaczko! Safo słowieńska!
Na którą nie tylko moja cząstka ziemieńska,
Ale i lutnia dziedzicznym prawem spaść miała!
Tęś nadzieję już po sobie okazowała,
Nowe piosnki sobie tworząc, nie zamykając
Ustek nigdy, ale cały dzień prześpiewając,
Jako więc lichy słowiczek w krzaku zielonym
Całą noc prześpiewa gardłkiem swym ucieszonym.
Prędkoś mi nazbyt umilkła! Nagle cię sroga
Śmierć spłoszyła, moja wdzięczna szczebiotko droga!
Nie nasyciłaś mych uszu swymi piosnkami,
I tę trochę teraz płacę sowicie łzami.
A tyś ani umierając śpiewać przestała,
Lecz matkę, ucałowawszy, takeś żegnała:
'Już ja tobie, moja matko, służyć nie będę
Ani za twym wdzięcznym stołem miejsca zasiędę;
Przyjdzie mi klucze położyć, samej precz jechać,
Domu rodziców swych miłych wiecznie zaniechać.'
To i czego żal ojcowski nie da serdeczny
Przypominać więcej, był jej głos ostateczny.
A matce, słysząc żegnanie tak żałościwe,
Dobre serce, że od żalu zostało żywe.

Lament 6

My Slavic Sappho, little poet-heiress,
Ghost owner of my goods, even my rarest
Treasure: the lute! How well you did deserve
This one bequest! With what sheer wit and verve
You fitted words together, song by song,
And, never tiring, hummed them all day long
Like a nightingale that sings, small and alone,
Among green leaves, from dusk to early dawn.
Oh, you fell silent much too soon! The fright
That sudden death gave you put you to flight,
My tiny warbling one! You did not fill
My ears with songs enough, and yet I still
Pay with my tears for those few that I heard.
Even in death you sang, my lovely bird:
'Dear mother, kiss me, I'll no more be able
To do my tasks or sit here at your table;
I must give back my keys and go away,
Never return to where my parents stay.'
This was her last word, her last song, and I
Can only echo it in fond goodbye:
Her mother's heart, since she endured such sweet
Shocks of farewell, has nearly ceased to beat.

Tren 7

Nieszczęsne ochędóstwo, żałosne ubiory
    Mojej najmilszej cory!
Po co me smutne oczy za sobą ciągniecie,
    Żalu mi przydajecie?
Już ona członeczków swych wami nie odzieje –
    Nie masz, nie masz nadzieje!
Ujął ją sen żelazny, twardy, nieprzespany . . .
    Już letniczek pisany
I uploteczki wniwecz, i paski złocone,
    Matczyne dary płone.
Nie do takiej łóżnice, moja dziewko droga,
    Miała cię mać uboga
Doprowadzić! Nie takąć dać obiecowała
    Wyprawę, jakąć dała!
Giezłeczkoć tylko dała a lichą tkaneczkę;
    Ojciec ziemie brełeczkę
W główki włożył. – Niestetyż, i posag, i ona
    W jednej skrzynce zamkniona!

Lament 7

Pathetic garments that my girl once wore
    But cannot anymore!
The sight of them still haunts me everywhere
    And feeds my great despair.
They miss her body's warmth; and so do I:
    All I can do is cry.
Eternal, iron slumbers now possess
    My child: each flowered dress,
Smooth ribbon, gold-clasped belt her mother bought –
    Their worth is set at naught.
You were not meant, my daughter, to be led
    To that last, stone-cold bed
By your poor mother! She had promised more
    Than what your four planks store:
The shroud she herself sewed, the earthen clod
    I set down at your head.
O sealed oak chest, dark lid, board walls that hide
    The dowry and the bride!

Tren 8

Wielkieś mi uczyniła pustki w domu moim,
Moja droga Orszulo, tym zniknieniem swoim!
Pełno nas, a jakoby nikogo nie było:
Jedną maluczką duszą tak wiele ubyło.
Tyś za wszytki mówiła, za wszytki śpiewała,
Wszytkiś w domu kąciki zawżdy pobiegała.
Nie dopuściłaś nigdy matce się frasować
Ani ojcu myśleniem zbytnim głowy psować,
To tego, to owego wdzięcznie obłapiając
I onym swym uciesznym śmiechem zabawiając.
Teraz wszytko umilkło, szczere pustki w domu,
Nie masz zabawki, nie masz rozśmiać się nikomu.
Z każdego kąta żałość człowieka ujmuje,
A serce swej pociechy darmo upatruje.

Lament 8

The void that fills my house is so immense
Now that my girl is gone. It baffles sense:
We all are here, yet no one is, I feel;
The flight of one small soul has tipped the scale.
You talked for all of us, you sang for all,
You played in every nook and cubbyhole.
You never would have made your mother brood
Nor father think too much for his own good;
The house was carefree. Everybody laughed.
You held us in your arms: our hearts would lift.
Now emptiness reigns here; the house is still;
Nobody ever laughs nor ever will.
All your old haunts have turned to haunts of pain,
And every heart is hankering in vain.

Tren 9

Kupić by cię, Mądrości, za drogie pieniądze!
Która, jeśli prawdziwie mienią, wszytki żądze,
Wszytki ludzkie frasunki umiesz wykorzenić,
A człowieka tylko nie w anioła odmienić,
Który nie wie, co boleść, frasunku nie czuje,
Złym przygodom nie podległ, strachom nie hołduje.
Ty wszytki rzeczy ludzkie masz za fraszkę sobie,
Jednaką myśl tak w szczęściu, jako i w żałobie
Zawżdy niesiesz. Ty śmierci namniej się nie boisz,
Bezpieczna, nieodmienna, niepożyta stoisz.
Ty bogactwa nie złotem, nie skarby wielkimi,
Ale dosytem mierzysz i przyrodzonymi
Potrzebami. Ty okiem swym nieuchronionym
Nędznika upatrujesz pod dachem złoconym,
A uboższym nie zajźrzysz szczęśliwego mienia,
Kto by jedno chciał słuchać twego upomnienia.
Nieszczęśliwy ja człowiek, ktorym lata swoje
Na tym strawił, żebych był ujźrzał progi twoje!
Terazem nagle z stopniów ostatnich zrzucony
I między insze, jeden z wiela, policzony.

Lament 9

I'd buy you, Wisdom, with all of the world's gold –
But is there any truth in what we're told
About your power to purge our human thought
Of all its dread, and raise up the distraught
Spirit to heaven, to the highest sphere
Where angels dwell beyond distress and fear?
You see mere trifles in all human things;
Mourning and mirth are two extended wings
On which you bring us equanimity,
Yourself unmoved by Death, calm, changeless, free.
For you, the rich man is the one who owns
No more than what's enough – no precious stones,
Or land, or rents; you see through to the truth,
The misery beneath the gilded roof;
But if poor people heed your sober voice,
You do not grudge the poor their simple joys.
To think that I have spent my life in one
Long climb towards your threshold! All delusion!
Wisdom for me was castles in the air;
I'm hurled, like all the rest, from the topmost stair.

Tren 10

Orszulo moja wdzięczna, gdzieś mi się podziała?
W którą stronę, w którąś się krainę udała?
Czyś ty nad wszytki nieba wysoko wzniesiona
I tam w liczbę aniołków małych policzona?
Czyliś do raju wzięta? Czyliś na szczęśliwe
Wyspy zaprowadzona? Czy cię przez teskliwe
Charon jeziora wiezie i napawa zdrojem
Niepomnym, że ty nie wiesz nic o płaczu mojem?
Czy, człowieka zrzuciwszy i myśli dziewicze,
Wzięłaś na się postawę i piórka słowicze?
Czyli się w czyścu czyścisz, jesli z strony ciała
Jakakolwiek zmazeczka na tobie została?
Czyś po śmierci tam poszła, kędyś pierwej była,
Niżeś się na mą ciężką żałość urodziła?
Gdzieśkolwiek jest, jesliś jest, lituj mej żałości,
A nie możesz li w onej dawnej swej całości,
Pociesz mię, jako możesz, a staw' się przede mną
Lubo snem, lubo cieniem, lub marą nikczemną!

Lament 10

Ursula, my sweet girl, where did you go?
Is it a place or country that we know?
Or were you borne above the highest sphere
To dwell and sing among the cherub choir?
Have you flown into Paradise? Or soared
To the Islands of the Blest? Are you aboard
With Charon, scooping water while he steers,
And does that drink inure you to my tears?
Clad in grey feathers of a nightingale,
No longer human, do you fill some vale
With plaintive song? Or must you still remain
In Purgatory, as if the slightest stain
Of sin could have defiled your soul? Did it return
To where you were (my woe) before being born?
Wherever you may be – if you exist –
Take pity on my grief. O presence missed,
Comfort me, haunt me; you whom I have lost,
Come back again, be shadow, dream, or ghost.

Tren II

Fraszka cnota! – powiedział Brutus porażony . . .
Fraszka, kto się przypatrzy, fraszka z każdej strony!
Kogo kiedy pobożność jego ratowała?
Kogo dobroć przypadku złego uchowała?
Nieznajomy wróg jakiś miesza ludzkie rzeczy
Nie mając ani dobrych, ani złych na pieczy.
Kędy jego duch wienie, żaden nie ulęże;
Praw-li, krzyw-li, bez braku każdego dosięże.
A my rozumy swoje przedsię udać chcemy:
Hardzi między prostaki, że nic nie umiemy,
Wspinamy się do nieba, boże tajemnice
Upatrując; ale wzrok śmiertelnej źrzenice
Tępy na to! Sny lekkie, sny płoche nas bawią,
Które się nam podobno nigdy nie wyjawią . . .
Żałości! co mi czynisz? Owa już oboje
Mam stracić: i pociechę, i baczenie swoje?

Lament 11

'Virtue's a trifle!' – stricken Brutus swore.
A trifle, yes, it is, and nothing more!
Did works of piety ever mitigate
Our destined pain? Did good once counter fate?
Some enemy, indifferent to all
Our mortal fault or merit, plots our fall.
Where his breath blows, we cannot flee or hide:
Just and unjust are brought down side by side.
Yet still we, in our arrogance, pretend
To higher faculties that comprehend
God's mysteries; we climb to heaven, try
To fathom its designs, but our mind's eye
Proves far too weak! The meanings it divines
Are not meant to be read – fleet dreams, not signs . . .
Grief, what do you intend? Am I to be
Robbed first of joy, then equanimity?

Tren 12

Żaden ojciec podobno barziej nie miłował
Dziecięcia, żaden barziej nad mię nie żałował.
A też ledwe się kiedy dziecię urodziło,
Co by łaski rodziców swych tak godne było.
Ochędożne, posłuszne, karne, niepieszczone,
Śpiewać, mówić, rymować jako co uczone;
Każdego ukłon trafić, wyrazić postawę,
Obyczaje panieńskie umieć i zabawę;
Roztropne, obyczajne, ludzkie, nierzewniwe,
Dobrowolne, układne, skromne i wstydliwe.
Nigdy ona po ranu karmie nie wspomniała,
Aż pierwej Bogu swoje modlitwy oddała.
Nie poszła spać, aż pierwej matkę pozdrowiła
I zdrowie rodziców swych Bogu poruczyła.
Zawżdy przeciwko ojcu wszytki przebyć progi,
Zawżdy się uradować i przywitać z drogi,
Każdej roboty pomóc, do każdej posługi
Uprzedzić było wszytki rodziców swych sługi.
A to w tak małym wieku sobie poczynała,
Że więcej nad trzydzieści miesięcy nie miała.
Tak wiele cnót jej młodość i takich dzielności
Nie mogła znieść; upadła od swejże bujności,
Żniwa nie doczekawszy! Kłosie mój jedyny,
Jeszcześ mi się był nie zstał, a ja, twej godziny
Nie czekając, znowu cię w smutną ziemię sieję:
Ale pospołu z tobą grzebę i nadzieję:
Bo już nigdy nie wznidziesz ani przed mojema
Wiekom wiecznie zakwitniesz smutnymi oczema.

Lament 12

I think no father ever doted more
Upon a child or mourned a child's loss more;
Nor was there ever child whose virtues could
Make both its parents feel such gratitude.
Obedient, never wilful or morose,
Eager to babble, sing, even compose
Rhymes of her own, a girl who knew just how
To bear herself and make a proper bow,
She was good-mannered, wise, sweet-natured, neat,
Courteous, modest, lively and discreet;
She would put off taking supper every night
Until she'd said her prayers, and said them right;
And would not sleep or feel the house was safe
Until she'd asked the good God to ward off
Everything bad. She would hurry to the door
To welcome me back home; there was no chore
She would avoid, keen always to compete,
To outrun servants on her tiny feet.
And all that from a thirty-month-old child!
Her young and slender frame could not uphold
Such a rich wreath of virtues: their bright crown
Imposed so heavily, she was brought down
Much before harvest. Little ear of grain,
Before your time, I sow you once again
In the sad earth – and it is not just you
That I am burying, but my own hope too:
For you will never, never sprout nor bloom
Again, to light my eyes' unending gloom.

Tren 13

Moja wdzięczna Orszulo, bodaj ty mnie była
Albo nie umierała, lub się nie rodziła!
Małe pociechy płacę wielkim żalem swoim
Za tym nieodpowiednym pożegnanim twoim.
Omyliłaś mię jako nocny sen znikomy,
Który wielkością złota cieszy smysł łakomy,
Potym nagle uciecze, a temu na jawi
Z onych skarbów jeno chęć a żądzą zostawi.
Takeś ty mnie, Orszulo droga, uczyniła:
Wielkieś nadzieje w moim sercu roznieciła,
Potymeś mię, smutnego, nagle odbieżała
I wszytki moje z sobą pociechy zabrała.
Wzięłaś mi, zgoła mówiąc, dusze połowicę;
Ostatek przy mnie został na wieczną tesknicę.
Tu mi kamień, murarze, ciosany połóżcie,
A na nim tę nieszczęsną pamiątkę wydróżcie:
'Orszula Kochanowska tu leży, kochanie
Ojcowe albo raczej płacz i narzekanie.
Opakeś to, niebaczna śmierci, udziałała:
Nie jać onej, ale mnie ona płakać miała.'

Lament 13

Sweet girl, I wish that you had either never
Been born or never died! For you to sever
All your attachments, take such early leave –
What else, what else can I do now but grieve?
You were like one of those recurrent dreams
About a crock of gold, fool's gold that gleams
And tempts our greed, but when we wake at dawn,
Our hands are empty and the gleam is gone.
Dear daughter, this you did in your own way:
Your light appeared to me but would not stay.
It was as if you wanted to destroy
My very soul by robbing all its joy.
The shock of sudden death tore it in two:
One half stayed grieving, one half fled with you.
Here is your epitaph. Stonecutters, hone
The chisels sharp and cut the words in stone:
'Ursula Kochanowski lies beneath,
    Her father's joy that slipped his loving hands.
Learn from this grave the ways of careless Death:
    The green shoot is mown down – the ripe crop stands.'

Tren 14

Gdzie te wrota nieszczęsne, którymi przed laty
Puszczał się w ziemię Orfeus, szukając swej straty?
Żebych ja też tąż ścieżką swej namilszej córy
Poszedł szukać i on bród mógł przebyć, przez który
Srogi jakiś przewoźnik wozi blade cienie
I w lasy niewesołe cyprysowe żenie.
A ty mię nie zostawaj, wdzięczna lutni moja,
Ale ze mną pospołu pódź aż do pokoja
Surowego Plutona! Owa go to łzami,
To tymi żałosnymi zmiękczywa pieśniami,
Że mi moję namilszą dziewkę jeszcze wróci,
A ten nieuśmierzony we mnie żal ukróci.
Zginąć ci mu nie może, tuć się wszytkim zostać,
Niech się tylko niedoszłej jagodzie da dostać.
Gdzie by też tak kamienne ten bóg serce nosił,
Żeby tam smutny człowiek już nic nie uprosił!
Cóż temu rzec? Więc tamże już za jedną drogą
Zostać, a z duszą za raz zewlec troskę srogą.

Lament 14

Where is that gate for grief which, long ago,
Let Orpheus enter the dark realm below
In search of his lost love? My loss is such
That I would go as far and do as much
Where Charon poles the flood, while his boat moves
Thronged with pale shades he lands in cypress groves.
And you, my lovely lute, do not desert
Your singer now: now we must both assert
Our rights before stern Pluto, soften him
With songs and tears until his own eyes swim
And he relents, and lets my dear girl go
And come to my embrace, and end my woe.
Which won't mean he'll have lost her – we're all his!
(If fruit's not ripe, you wait until it is.)
Yet is this god so heartless that he can
Turn a deaf ear to a despairing man?
If that is so, earth won't see me again.
I'll yield my own soul, find peace and remain.

Tren 15

Erato złotowłosa i ty, wdzięczna lutni,
Skąd pociechę w swych troskach biorą ludzie smutni!
Uspokójcie na chwilę strapioną myśl moję,
Póki jeszcze kamienny w polu słup nie stoję,
Lejąc ledwie nie krwawy płacz przez marmór żywy,
Żalu ciężkiego pamięć i znak nieszczęśliwy.
Mylę się? czyli, patrząc na ludzkie przygody,
Skromniej człowiek uważa i swe własne szkody?
Nieszczesna matko (jesli przyczytać możemy
Nieszczęściu, co prze głupi swój rozum cierpiemy),
Gdzie teraz twych siedm' synów i dziewek tak wiele?
Gdzie pociecha? gdzie radość i twoje wesele?
Widzę czternaście mogił, a ty, nieszczęśliwa
I podobno tak długo nad wolą swą żywa,
Obłapiasz zimne groby, w których – ach, niebogo –
Składłaś dziateczki swoje zagubione srogo!
Takie więc kwiaty leżą kosą podsieczone
Albo deszczem gwałtownym na ziemię złożone.
W którą nadzieję żywiesz? Czego czekasz więcej?
Czemu śmiercią żałości nie zbywasz co pręcej?
A wasze prędkie strzały albo łuk co czyni
Niepochybny, o Febe i mściwa bogini?
Albo z gniewu, bo winna, albo więc z litości
Dokonajcie, prze Boga, jej biednej starości!
Nowa pomsta, nowa kaźń hardą myśl potkała:
Dziatek płacząc, Niobe sama skamieniała
I stoi na Sypilu marmor nieprzetrwany,
Jednak i pod kamieniem żywią skryte rany.
Jej bowiem łzy serdeczne skałę przenikają
I przeźroczystym z góry strumieniem spadają,

Lament 15

Golden-haired Erato, your sweet-stringed lute
Soothes what is grievous, cures the sharpest hurt,
So cure me too! I'll turn, if I'm not healed,
Into a marble pillar in a field,
A monument to pain, a standing stone
That weeps and bleeds like living flesh and bone.
But why rehearse the fate of Niobe?
What human grief can match her misery?
Niobe, mother most unfortunate
(If Fortune can be blamed for evil fate
More than our Folly): where have they gone, where are
The seven girls and seven boys you bore?
I see their fourteen graves; and you, poor thing,
Incorrigibly proud, still challenging
The gods themselves – you dash against each tomb,
Too late to shield your dead brood from their doom.
Thus flowers, when mown by a sickle's blade
Or flattened by a downpour, wilt and fade.
What hope keeps you alive? Is it not clear
That death alone can conquer your despair?
Diana, Phoebus, take revenge! Allow
Your flighted arrows and unerring bow
To strike her for her fault, if not in rage,
Out of compassion, to spare her her old age!
But how you were to strike, who could have known?
You turned proud Niobe into a stone,
A deathless marble, standing on the top
Of Sipylus. Her running wounds won't stop
Tormenting her: the rock sheds crystal-clear
Tears that flow down in streams where birds and deer

Skąd źwierz i ptastwo pije; a ta w wiecznym pęcie
Tkwi w rogu skały wiatrom szalonym na wstręcie.
Ten grób nie jest na martwym, ten martwy nie w grobie,
Ale samże jest martwym, samże grobem sobie.

Gather to drink; but she, forever chained
On rocky heights, defies the howling wind.
This tomb keeps no corpse; this corpse keeps no tomb:
Here the room's tenant is the tenant's room.

Tren 16

Nieszczęściu k'woli a swojej żałości,
Która mię prawie przejmuje do kości,
Lutnią i wdzięczny rym porzucić muszę,
    Ledwie nie duszę.

Żyw-em? Czy mię sen obłudny frasuje?
Który kościanym oknem wylatuje,
A ludzkie myśli tym i owym bawi,
    Co błąd na jawi.

O błędzie ludzki! O szalone dumy!
Jako to łacno pisać się z rozumy,
Kiedy po woli świat mamy, a głowa
    Człowieku zdrowa.

W dostatku będąc, ubóstwo chwalemy,
W rozkoszy – żałość lekce szacujemy,
A póki wełny skąpej prządce zstaje,
    Śmierć nam za jaje.

Lecz kiedy nędza albo żal przypadnie,
Ali żyć nie tak, jako mówić, snadnie,
A śmierć dopiero wtenczas nam należy,
    Gdy ku nam bieży.

Przecz z płaczem idziesz, Arpinie wymowny,
Z miłej ojczyzny? Wszak nie Rzym budowny,
Ale świat wszystek miastem jest mądremu
    Widzeniu twemu.

Czemu tak barzo córki swej żałujesz?
Wszak się ty tylko sromoty wiarujesz;
Insze wszelakie u ciebie przygody
    Ledwe nie gody!

Lament 16

No end to misery; my own
Has chilled me to the marrowbone;
I must forgo my rhyme and lute:
      My soul is mute.

Am I alive? asleep? It seems
My head's a haunted house for dreams
That first delude my inner eye,
      Then fade and die.

O error of our minds! Insane
Conceit of men! We feel no pain,
Then straight presume our reason proof
      Against all grief.

In plenty we praise poverty;
In pleasure, sorrow seems to be
Easy to bear; each living breath
      Makes light of Death.

But when the Parcae cease to spin
Their thread, when sorrows enter in,
When Death knocks at the door, at last
      We stand aghast.

Cicero, silver tongue, please tell
Why exile's tears afflict you still;
Did you not claim: 'The world's my home,
      And not just Rome'?

Why do you mourn your lovely girl?
Did you not say your dearest pearl
Was clear conscience? Doesn't your woe
      Prove that untrue?

Śmierć – mówisz – straszna tylko niezbożnemu.
Przeczże się tobie umrzeć, cnotliwemu,
Nie chciało, kiedyś prze dotkliwą mowę
    Miał podać głowę?

Wywiodłeś wszytkim, nie wywiodłeś sobie;
Łacniej rzec, widzę, niż czynić i tobie,
Pióro anielskie, duszę toż w przygodzie,
    Co i mnie bodzie.

Człowiek nie kamień, a jako się stawi
Fortuna, takich myśli nas nabawi.
Przeklęte szczęście! Czyż snać gorzej duszy,
    Kto rany ruszy?

Czasie, pożądnej ojcze niepamięci!
W co ani rozum, ani trafią święci,
Zgój smutne serce, a ten żal surowy
    Wybij mi z głowy!

Only the godless – you have said –
Fear death; then what about your dread,
When threats were Antony's rewards
        For your bold words?

Your logic, O angelic pen,
Compelling to the minds of men,
Rings hollow when your soul, like mine,
        Cries out in pain.

Man is not stone; his wounds run deep;
His joys are like a scar on top;
And once it's touched, that buried ache
        Throbs wide awake.

Time, father of forgetfulness,
Stronger than reason and no less
Potent than faith; heal, heal my heart
        That's torn apart.

Tren 17

Pańska ręka mię dotknęła,
Wszytkę mi radość odjęła:
Ledwe w sobie czuję duszę
I tę podobno dać muszę.

Lubo wstając gore jaśnie,
Lubo padnąc słońce gaśnie,
Mnie jednako serce boli,
A nigdy się nie utoli.

Oczu nigdy nie osuszę –
I tak wiecznie płakać muszę!
Muszę płakać! – O mój Boże,
Kto się przed Tobą skryć może?

Prózno morzem nie pływamy,
Prózno w bitwach nie bywamy:
Ugodzi nieszczęście wszędzie,
Choć podobieństwa nie będzie.

Wiodłem swój żywot tak skromnie,
Że ledwe kto wiedział o mnie,
A zazdrość i złe przygody
Nie miały mi w co dać szkody.

Lecz Pan, który gdzie tknąć, widzi,
A z przestrogi ludzkiej szydzi,
Zadał mi raz tym znaczniejszy,
Czym-em już był bezpieczniejszy.

A rozum, który w swobodzie
Umiał mówić o przygodzie,
Dziś ledwe sam wie o sobie:
Tak mię podparł w mej chorobie.

Lament 17

That the Lord's hand could destroy
In one stroke all my joy!
My soul, sick and oppressed,
Scarce stirs inside my breast.

Whether I watch the sun
Rising or going down,
Always the same dull ache
Keeps my poor heart awake.

Will nothing stop my cry!
Despair like mine won't die.
I'll cry on as I cried:
When God strikes, men can't hide.

You may abjure the sword,
Or never dare to board
A ship; yet, near or far,
Grief finds out where you are.

Unknown, withdrawn, my life
Was ruled by this belief:
Modesty is the gate
That locks out envy, hate.

But God knows where to touch:
Our prudence can't help much.
My best plans went amiss:
His blow shattered my bliss.

Reason, once adequate
To weigh and arbitrate
What God and life allow,
Is no help to me now.

Czasem by się chciał poprawić,
A mnie ciężkiej troski zbawić,
Ale gdy siędzie na wadze,
Żalu ruszyć nie ma władze.

Prózne to ludzkie wywody,
Żeby szkodą nie zwać szkody;
A kto się w nieszczęściu śmieje,
Ja bych tak rzekł, że szaleje.

Kto zaś na płacz lekkość wkłada,
Słyszę dobrze, co powiada;
Lecz się tym żal nie hamuje,
Owszem, więtszy przystępuje.

Bo, mając zranioną duszę,
Rad i nierad płakać muszę,
Co snać nie cześć, to ku szkodzie
I zelżywość serce bodzie.

Lekarstwo to, prze Bóg żywy,
Ciężkie na umysł troskliwy!
Kto przyjaciel zdrowia mego,
Wynajdzi co wolniejszego!

A ja zatym łzy niech leję,
Bom stracił wszytkę nadzieję,
By mię rozum miał ratować;
Bóg sam mocen to hamować.

It duly plays its part,
Tries to persuade my heart
To overcome its pain:
But all this is in vain.

Philosophers who claim:
'Loss? Loss is a mere name,
No more. Laugh at your lot!' –
They just tighten the knot.

My ear attends and hears
Calm Reason mocking tears,
Yet tears in my own eyes
Prove such words blatant lies.

If my soul's wounded, I
Can do nothing but cry;
False comfort only sears
My heart and brings new tears.

O bitter placebo!
My tortured mind says No
To mockeries that rend it.
It wants a cure to mend it.

Therefore my tears flow on,
For there are things beyond
Calm Reason's power to cope:
God is my only hope.

Tren 18

My, nieposłuszne, Panie, dzieci Twoje,
    W szczęśliwe czasy swoje
    Rzadko Cię wspominamy,
Tylko rozkoszy zwykłych używamy.

Nie baczym, że to z Twej łaski nam płynie,
    A także prędko minie,
    Kiedy po nas wdzięczności
Nie uznasz, Panie, za Twe życzliwości.

Miej nas na wodzy, niech nas nie rozpycha
    Doczesna rozkosz licha!
    Niechaj na Cię pomniemy
Przynamniej w kaźni, gdy w łasce nie chcemy!

Ale ojcowskim nas karz obyczajem,
    Boć przed Twym gniewem stajem
    Tak, jako śnieg niszczeje,
Kiedy mu słońce niebieskie dogrzeje.

Zgubisz nas prędko, wiekuisty Panie,
    Jeśli nad nami stanie
    Twa ciężka boska ręka;
Sama niełaska jest nam sroga męka.

Ale od wieku Twoja lutość słynie,
    A pierwej świat zaginie,
    Niż Ty wzgardzisz pokornym,
Chocia był długo przeciw Tobie spornym.

Wielkie przed Tobą są występy moje,
    Lecz miłosierdzie Twoje
    Przewyssza wszytki złości.
Użyj dziś, Panie, nade mną litości!

Lament 18

My Lord, each of us is your wilful child:
    By happiness beguiled,
    Entranced by earthly joys,
He soon forgets you and heeds not your voice.

We fail to see how much your Grace attends
    Our welfare; which soon ends
    When your infinite Good
Is not repaid with infinite gratitude.

Rein us in, Lord, before vain pleasure blinds
    Our supercilious minds!
    Remind them of your cause
If not with blessings, then at least with blows!

Yet punish us as loving fathers do:
    Your wrath would burn us through;
    We'd vanish without trace
Like snow when warmed by the sun's piercing rays.

Oh, let your hand not crush those in discord
    With you, Eternal Lord;
    You hurt us to the core
With your mere frown: we could not withstand more.

Though fools claim you have never been man's friend,
    Sooner the world may end
    Than you shall ever scorn
A rebel soul, when broken and forlorn.

Great are my sins before you, Lord; yet still
    Your mercy and goodwill
    Would not let evil reign.
Have pity, Lord, on my despair and pain!

Tren 19, albo: Sen

Żałość moja długo w noc oczu mi nie dała
Zamknąć i zemdlonego upokoić ciała;
Ledwie mię na godzinę przed świtaniem swymi
Sen leniwy obłapił skrzydły czarnawymi.
Natenczas mi się matka właśnie ukazała,
A na ręku Orszulę moję wdzięczną miała,
Jaka więc po paciorek do mnie przychodziła,
Skoro z swego posłania rano się ruszyła.
Giezłeczko białe na niej, włoski pokręcone,
Twarz rumiana, a oczy ku śmiechu skłonione.
Patrzę, co dalej będzie, aż matka tak rzecze:
'Śpisz, Janie? czy cię żałość twoja zwykła piecze?'
Zatym-em ciężko westchnął i tak mi się zdało,
Żem się ocknął. – A ona, pomilczawszy mało,
Znowu mówić poczęła: 'Twój nieutolony
Płacz, synu mój, przywiódł mię w te tu wasze strony
Z krain barzo dalekich, a łzy gorzkie twoje
Przeszły aż i umarłych tajemne pokoje.
Przyniosłam ci na ręku wdzięczną dziewkę twoję,
Abyś ją mógł oglądać jeszcze, a tę swoję
Serdeczną żałość ujął, która tak ujmuje
Sił twoich i tak zdrowie nieznacznie twe psuje,
Jako ogień suchy knot obraca w perzyny,
Darmo nie upuszczając namniejszej godziny.
Czyli nas już umarłe macie za stracone
I którym już na wieki słońce jest zgaszone?
A my, owszem, żywiemy żywot tym ważniejszy,
Czym nad to grube ciało duch jest szlachetniejszy.
Ziemia w ziemię się wraca, a duch, z nieba dany,
Miałby zginąć ani na miejsca swe wezwany?
O to się ty nie frasuj, a wierz niewątpliwie,

44

Lament 19, or: A Dream

Through the long night, grief kept me wide awake;
My body was worn out, my mind all ache
And restlessness. The dark was growing pale
Before sleep touched my brow with its black veil.
Then, at that instant (was I lulled by charms?),
I saw my mother, holding in her arms
My Ursula, my never lovelier
Daughter, in white nightgown, gold-curled hair,
Rose-petal skin, eyes bright as a new day –
Just like those mornings when she'd come to say
Her prayers for me. I stared and stared, until
My mother spoke: 'Are you asleep, or ill
With sorrow, son?' At which, my own deep sigh
Seemed to have wakened me; but presently
She spoke again: 'Your cry! Your cry, my dear,
Disturbed my distant shore and brought me here;
Each moan of yours, each bitter tear you shed
Has reached the hidden chambers of the dead.
Here is your girl: look at her smiling face
And be consoled. Take heart. Although your case
Is hard in the extreme, although you are
In torment, mind and body, every hour,
Be comforted. Why make yourself heartsick?
Why is your mind a burning candlewick
Wasting itself? You think the dead are gone,
Extinct forever, banished from the sun?
You are mistaken: there, the lives we live
Are far more glorious. There we are alive
Beyond the flesh. The dust returns to dust,
But spirit is divine, a gift that must
Return to its Giver. Trust and understand

Że twoja namilejsza Orszuleczka żywie.
A tu więc takim ci się kształtem ukazała,
Jakoby się śmiertelnym oczom poznać dała.
Ale między anioły i duchy wiecznymi
Jako wdzięczna jutrzenka świeci, a za swymi
Rodzicami się modli, jako to umiała
Z wami będąc, choć jeszcze słów nie domawiała.
Jesliżeć też stąd rośnie żałość, że jej lata
Pierwej są przyłomione, niżli tego świata
Rozkoszy zażyć mogła? O biedne i płone
Rozkoszy wasze, które tak są usadzone,
Że w nich więcej frasunków i żałości więcej!
Czego ty doznać możesz sam z siebie napręcej!
Ucieszyłeś się kiedy z dziewki swej tak wiele,
Żeby pociecha twoja i ono wesele
Mogło porównać z twoim dzisiejszym kłopotem?
Nie rzeczesz tego, widzę! Także trzymaj o tem,
Jakoś doznał, ani się frasuj, że tak rana
Twojej ze wszech namilszej dziewce śmierć zesłana!
Nie od rozkoszy poszła; poszła od trudności,
Od pracej, od frasunków, od złez, od żałości,
Czego świat ma tak wiele, że by też co było
W tym doczesnym żywocie człowieczeństwu miło,
Musi smak swój utracić prze wielkość przysady,
A przynamniej prze bojaźń nieuchronnej zdrady.
Czegóż płaczesz, prze Boga? Czegóż nie zażyła?
Że sobie swym posagiem pana nie kupiła?
Że przegróżek i cudzych fuków nie słuchała?
Że boleści w rodzeniu dziatek nie uznała?
Ani umie powiedzieć, czego jej troskliwa
Matka doszła: co z większym utrapieniem bywa,
Czy je rodzić, czy je grześć? – Takieć pospolicie
Przysmaki wasze, czym wy sobie świat słodzicie! –

This mystery: she sits at God's right hand.
You cannot see her as she is – your sight
Is mortal and sees things in mortal light –
But now your daughter shines, a morning star
Among angelic spirits. You who are
So desolate, know that she prays for you
And for her mother – as she used to do
When she was still a child learning to speak.
To you her life may have seemed short and bleak,
She may have missed the pleasures adults know –
But what are pleasures when they end in woe?
The more you have, the faster your life moves
Towards the loss of it. Your own case proves
This beyond doubt. Your daughter brought you joy
But could that match the pangs that now destroy
All your tranquillity? It never could,
So recollect yourself. This desolate mood
Is natural when your child is in the grave,
But how would she be better off alive?
What did she lose? Not true peace or delight.
She freed herself from things that devastate
Our life on earth with heartbreak and despair,
Things that weigh down the cross that humans bear
And haunt their moments of felicity
With deep foreboding and anxiety.
So why do you keep crying? My God, son,
What is there to regret? That no man won
Her dowry and her heart, then made her years
One long declension into strife and tears?
That her body wasn't torn by labour pains?
That her experience was, is and remains
Virginal, that she got release before
She learned if birth or death mark women more?

W niebie szczere rozkoszy, a do tego wieczne,
Od wszelakiej przekazy wolne i bezpieczne;
Tu troski nie panują, tu pracej nie znają,
Tu nieszczęście, tu miejsca przygody nie mają,
Tu choroby nie najdzie, tu nie masz starości,
Tu śmierć, łzami karmiona, nie ma już wolności.
Żyjem wiek nieprzeżyty, wiecznej używamy
Dobrej myśli, przyczny wszytkich rzecsy znamy.
Słońce nam zawżdy świeci, dzień nigdy nie schodzi
Ani za sobą nocy niewidomej wodzi.
Twórcę wszech rzeczy widziem w Jego majestacie,
Czego wy, w ciele będąc, prózno upatrzacie.
Tu w czas obróć swe myśli, a chowaj się na te
Nieodmienne, synu mój, rozkoszy bogate!
Doznałeś, co świat umie i jego kochanie;
Lepiej na czym ważniejszym zasadź swe staranie!
Dziewka twoja dobry los, możesz wierzyć, wzięła,
A własnie w swoich rzeczach sobie tak poczęła,
Jako gdy kto, na morze nowo się puściwszy,
A tam niebezpieczeństwo wielkie obaczywszy,
Woli nazad do brzegu. Drudzy, co podali
Żagle wiatrom, na ślepe skały powpadali;
Ten mrozem zwyciężony, ten od głodu zginął,
Rzadki, co by do brzegu na desce przypłynął.
Śmierci zniknąć nie mogła, by też dobrze była
Onę dawną Sybillę wiekiem swym przeżyła.
To, co miało być potym, uprzedzić wolała;
Tymże mniej tego świata niewczasów doznała.
Drugie po swych namilszych rodzicach zostają
I ciężkiego sieroctwa, nędzne, doznawają.
Wypchną drugą za męża leda jako z domu,
A majętność zostanie, sam to Bóg wie komu.
Biorą drugie i gwałtem, a biorą i swoi,

Earthly boundaries limit earthly joys –
Heavenly joys are boundless. Paradise
Exists forever, crystalline, secure.
There happiness is absolute and pure;
There tragedy, disease, death have no place;
There tears are wiped away from every face.
We live our endless lives in endless bliss.
We know the cause of each thing that exists.
Our Sun will never set; our days don't end,
The dark and fear of night never descend
Upon our realm, where we unceasingly
Witness our Maker in His majesty.
You mortals cannot see Him. Still, dear son,
Turn your thoughts toward Him, try to live on
Consoled by changeless heaven's certainty.
You've learned how futile earthly love can be,
Heed now the other, heavenly love's voice!
The truth is: your girl made a better choice.
Thus, sailors making for the open sea
Will head back towards the haven when they see
Dark clouds above; while others, who keep going,
Are wrecked on blind reefs when the gale starts blowing
And drowned and lost; lucky the few who are
Cast up on shore safe, clinging to some spar!
Had she outlived the Sibyl, her one fate
Would still be death. So why prolong that wait
For what was certain anyhow? She chose
Departure over waiting, chose to close
The door early and cut life's sorrows short.
Some lose their parents and have no resort
But orphanages; some are married off
In haste and lose their fortune and young life
To God knows what impostor; others still,

Ale i w hordach część się wielka ich zostoi,
Gdzie w niewoli pogańskiej i w służbie sromotnej
Łzy swe piją czekając śmierci wszytkokrotnej.
Tego twej wdzięcznej dziewce bać się już nie trzeba,
Która w swych młodych leciech wzięta jest do nieba,
Żadnych frasunków tego świata nie doznawszy
Ani grzechem dusze swej drogiej pomazawszy.
Jej tedy rzeczy, synu – nie masz wątpliwości –
Dobrze poszły, ani stąd używaj żałości!
Swoje szkody tak szacuj i omyłki swoje,
Abyś nie przepamiętał, że baczenie twoje
I stateczność jest droższa! W tę bądź przedsię panem,
Jako się kolwiek czujesz w pociechy obranem.
Człowiek urodziwszy się zasiadł w prawie takim,
Że ma być jako celem przygodom wszelakim;
Z tego trudno się zdzierać! Pocznimy, co chcemy,
Jesli po dobrej woli nie pójdziem, musiemy,
A co wszytkich jednako ciśnie, nie wiem, czemu
Tobie ma być, synu mój, nacięniej jednemu.
Śmiertelna jako i ty twoja dziewka była:
Póki jej zamierzony kres był, póty żyła.
Krótko wprawdzie! ale w tym człowiek nic nie włada,
A wyrzec też, co lepiej, niełacno przypada.
Skryte są Pańskie sądy; co się Jemu zdało,
Nalepiej, żeby się też i nam podobało.
Łzy w tej mierze niepłatne; gdy raz dusza ciała
Odbieży, prózno czekać, by się wrócić miała.
Ale człowiek nie zda się praw szczęściu w tej mierze,
Że szkody pospolicie tylko przed się bierze,
A tego baczyć nie chce ani mieć w pamięci,
Co mu też czasem padnie wedle jego chęci.
Tać jest władza Fortuny, mój namilszy synie,
Że nie tak uskarżać się, kiedy nam co zginie,

Abducted and made slaves of, tread the mill
In some wild heathen enclave, stooped and lame,
Praying for death to come and end their shame.
These threats are threats your child no longer faces.
Her life on earth was happy, an oasis
Of small protected joys, a heaven-sent
Interlude, short-lived but innocent.
It was for her, my son, things turned out best,
So dry your tears. Believe. Take comfort. Rest.
Weigh up your losses, ponder each mistake,
Yet never overlook what is at stake:
Your peace of mind, your equanimity!
However robbed of these you seem to be,
However little of a help they are
Be your own master. Every evil star
Shines with impunity and as of right:
No matter how it hurts, we must abide,
We must obey. That burden's placed upon
Each one of us, so why then feel, my son,
You have been singled out? She was mortal too,
And lived as long as she was destined to.
You think not long enough? But even so,
You cannot alter it, and who can know
How living on for just a few more hours
Would have been better? The Lord's ways are not ours.
Our task is simply to accord with them.
Tears cannot call back souls who are called home.
For how can we on earth adjudicate
Fairly upon what seems unfair in fate?
Prone to see things in the worst light, mankind
Can hardly recognize or bear in mind
The fortunate things. And yet proud Fortune's ways
Are not to be contested. Sing in praise

Jako dziękować trzeba, że wżdam co zostało,
Bo to wszytko nieszczęście w ręku swoich miało.
A tak i ty, folgując prawu powszechnemu,
Zagródź drogę do serca upadkowi swemu
A w to patrzaj, co uszło ręku złej przygody;
Zyskiem człowiek zwać musi, w czym nie popadł szkody.
Na koniec, w co się on koszt i ona utrata,
W co się praca i twoje obróciły lata,
Któreś ty niemal wszytkie strawił nad księgami,
Mało się bawiąc świata tego zabawami?
Teraz by owoc zbierać swojego szczepienia
I ratować w zachwianiu mdłego przyrodzenia!
Cieszyłeś przedtym insze w takiejże przygodzie:
I będziesz w cudzej czulszy niźli w swojej szkodzie?
Teraz, mistrzu, sam się lecz! Czas doktór każdemu,
Ale kto pospolitym torem gardzi, temu
Tak póznego lekarstwa czekać nie przystoi!
Rozumem ma uprzedzić, co insze czas goi.
A czas co ma za fortel? Dawniejsze świeżymi
Przypadkami wybija, czasem weselszymi,
Czasem też z tejże miary; co człowiek z baczeniem
Pierwej, niż przyjdzie, widzi i takim myśleniem
Przeszłych rzeczy nie wściąga, przyszłych upatruje
I serce na oboję fortunę gotuje.
Tego się, synu, trzymaj, a ludzkie przygody
Ludzkie noś; jeden jest Pan smutku i nagrody.'
Tu zniknęła. – Jam się też ocknął. – Aczciem prawie
Niepewien, jeslim przez sen słuchał czy na jawie.

Of loss even, in praise of all that's left
That might have gone instead down Death's dark shaft.
You must accept, although your wound's still raw,
The rule and sway of universal law
And fill your heart with new peace, banish pain:
Whatever is not loss should be called gain.
What profit have you reaped for all that cost,
That foolishly, irretrievably lost
Time you spent poring over books, those years
Of study that still leave you in arrears?
By now your grafting should have yielded fruit:
Windfalls of wisdom, comfort, resolute
Self-mastery. When others were in pain,
You've helped them over it, time and again;
Now, master, you will have to heal yourself.
Time is the cure for everything, but if
Somebody has such faith in his own power
Of healing, should he wait another hour?
Yet what is time's great remedy? The wax
And wane of things, and nothing more; the flux
Of new events, now painful, now serene;
He who has grasped this accepts what has been
And what will be with equal steadfastness,
Resigned to suffer, glad to suffer less.
Bear humanly the human lot. There is –
Never forget – one Lord of blight and bliss.'
She vanished, and I woke, uncertain what
I had just seen: was this a dream or not?